Silmara Rascalha Casadei

Como um rio
o percurso do menino Cortez

Lisie De Lucca
ilustrações

1ª edição
3ª reimpressão

© 2010 texto Silmara Rascalha Casadei
ilustrações Lisie De Lucca

© Direitos de publicação
CORTEZ EDITORA
Rua Monte Alegre, 1074 – Perdizes
05014-000 – São Paulo – SP
Tel.: (11) 3864-0111 Fax: (11) 3864-4290
cortez@cortezeditora.com.br
www.cortezeditora.com.br

Direção
José Xavier Cortez

Editor
Amir Piedade

Preparação
Tamara Castro

Revisão
Alessandra Biral
Fábio Justino de Souza
Rodrigo da Silva Lima

Edição de arte
Maurício Rindeika Seolin

Assistente de arte
Carolina Regonha Suster

Impressão
EGB – Editora Gráfica Bernardi

Dados Internacionais de Catalogação na Publicação (CIP)
(Câmara Brasileira do Livro, SP, Brasil)

Casadei, Silmara Rascalha
　　Como um rio: o percurso do menino Cortez / Silmara Rascalha Casadei; Lisie De Lucca, ilustrações. – 1. ed. – São Paulo: Cortez, 2010.

　　ISBN 978-85-249-1613-7

　　1. Cortez, José 2. Cortez, José – Infância e juventude 3. Editores de livros – Brasil 4. Editores e indústria editorial – Brasil – Biografia I. Lucca, Lisie De. II. Título.

10-05674　　　　　　　　　　　　　　　　　　　　　　CDD-920.4

Índices para catálogo sistemático:
1. Brasil: Editores: Biografia e obra　　920.4

Impresso no Brasil – junho de 2016

*Aos que acreditam que bons livros
ajudam a melhorar as pessoas.*

O menino não sabia, mas sua vida seria como um rio, que tem sua nascente no alto, bem longe, e vai brotando aos poucos, trilhando caminhos, espelhando em suas águas o Sol ou as estrelas, formando novos percursos até tornar-se grandioso.

Nasceu no dia 18 de novembro de 1936, às 19 horas. Naquele momento, a Lua iluminava o céu e estavam visíveis os planetas Júpiter, Vênus e Saturno, que, na mitologia grega, correspondem a: Zeus (senhor dos deuses), Afrodite (deusa do amor) e Cronos (deus do tempo). Viam-se também as estrelas azuis, Deneb, da constelação de Cisne, e Vega, de Lira.

Era uma bonita noite em Currais Novos, cidade do Rio Grande do Norte.

Esse Estado, antigamente, era conhecido como Rio dos Tapuias, depois como Rio Potengi, e foi colonizado no final do século XVII, após ter sido bravamente defendido pelos índios que lá moravam em suas tribos. Foram intensos e longos combates. Os índios foram vencidos pelos colonizadores, que em seguida fixaram residência. Como forma de sobrevivência e fonte de renda principal, desenvolveram a agricultura e a pecuária, atividades que originaram muitos nomes de cidades, como Currais Novos.

Nesse local, encontra-se o rio dos Apertados, um belo corredor natural pelo qual percorrem as águas dos rios Picuí e Acauã.

A 25 quilômetros da cidade está o sítio de Santa Rita, local onde moraram Mizael Xavier Gomes e Alice Cortez Gomes. O primeiro filho deles nasceu com a ajuda de uma parteira e recebeu o nome de José Xavier Cortez. Depois, seus pais tiveram mais 16 filhos.

O s filhos iam nascendo em escadinha, como é comum no Nordeste. Um nascia em um ano e o outro no ano seguinte e mais um depois de um ano... Dos 17 filhos, sete não sobreviveram, devido a doenças, o que era comum naquele tempo e local. Dez prosseguiram a vida, entre eles o José, que era chamado de Zézim. "Xô, xô, pavão, de cima do telhado, deixa o Zézim dormir o seu sono sossegado."

7

Nas terras do sertão do Seridó, por onde o rio desceu, o menino brincava descalço com seus irmãos. Na época, eles nem imaginavam ter um brinquedo comprado em loja. Os sabugos de milho transformavam-se em bonecas ou mesmo em galos de raça, brinquedos que as próprias crianças criavam. Entre dois meninos, na briga de galos, o que vencia, ou o que torava o sabugo do outro, ouvia dos demais: "Cucurucucu."

Carrinhos e caminhões eram feitos de tábuas e carretéis de linha usados. Zézim, nessa época, sonhava em ser motorista de caminhão. Ah! Que beleza poder ir e vir pelas estradas do sertão ou viajar para mais longe, para locais de que ouvia falar.

Brincavam também com ossinhos, imaginando que eram gado para compra e venda. Um dia, os três irmãos mais velhos ganharam três carneirinhos de um tio. O carneiro de Zézim chamava-se Belém, o do irmão Antonio, Branquinho, e o do irmão Luiz, Murchinho. Que alegria foi aquela, os três irmãos com seus carneirinhos, algo que nunca mais esqueceriam.

Mas os meninos não só brincavam, como também ajudavam. Todos trabalhavam muito, de sol a sol, para não passar necessidades. Primeiro, eram serviços leves como guardar uma enxada ou levar recados. Depois dos 11 ou 12 anos, já trabalhavam como qualquer adulto. Ajudavam na criação de galinhas, porcos e gado. Produziam carne de sol. Aguavam a plantação carregando grandes latas d'água. Puxavam boi para capinar, limpando o mato que crescia entre as carreiras de algodão, milho, feijão, batata, abóbora...

Às vezes, Zézim cansava-se, mas, por ele ser o filho mais velho, o pai, sempre rígido, logo chamava sua atenção: "Segura o boi! Segura o boi, cabra!"

Como um rio levando as águas, Zézim foi crescendo, cheio de sonhos e lembranças, acreditando na vida, achando graça das coisas, mesmo nos momentos mais difíceis.

Graça nos tempos de festa, quando, após a bênção do padre, dançava um bom forró. Graça em trabalhar nos mutirões, quando era preciso juntar os parentes para levantar uma casa. Graça em ver comida para todos, acompanhada de músicas na sanfona. "Ah! Será que eu deveria ser sanfoneiro?", pensava Zézim.

A leveza da música foi fazendo parte de sua vida, assim como o barulho das águas faz parte do rio. "Até mesmo a asa-branca bateu asas e voou..."

Brincadeiras de meninos, trabalho duro, festas de família e de rua e o aprendizado das primeiras letras. Zézim descobriu que letras podiam se unir e formar um rio de palavras, muitas palavras. Entretanto, a cada novo desafio, mais esforço o acompanhava, pois ele e seus irmãos trabalhavam na roça, iam e voltavam da escola a pé, andando um total de 9 quilômetros, e ainda voltavam a trabalhar.

Os meninos ficavam cansados e o pai acabou por contratar um professor que andava 10 quilômetros entre ida e volta para dar-lhes aula em casa. O novo professor ensinava aos meninos as lições e até recitar poesia em cima de um tamborete.

Com 13 para 14 anos, como um rio, que segue a correnteza, o menino chegou à escola em Currais Novos, trazido pelo pai, pois no sítio ele já tinha alcançado o nível mais alto de estudo. A diretora, dona Zilda, mandou que o menino se sentasse e deu-lhe uma caneta-tinteiro ao lado de uma folha de papel. José ficou muito trêmulo e, ao introduzir a caneta no tinteiro, derrubou-o na mesa da diretora. Mesmo assim, foi classificado para o 4º ano por dona Zilda.

À noite, o pai anunciou que o filho iria estudar na cidade. "Você vai ser o primeiro fio a ir para longe...", disse a mãe.

Roupas novas foram encomendadas. Também precisaria de sapatos de verdade. Até então, ele só usava calçado de couro cru. A mãe o colocava em cima da mesa, tirava um molde de seus pés com um papel e o pai levava o molde até o artesão Chico de Assis. Como a família não tinha o costume de comprar sapatos, comprou um par de tamanho maior para durar bastante. Conforme Zézim andava, o calçado saía dos pés; então uma tia lhe ensinou a colocar algodão nas pontas dos sapatos para que, quando Zézim iniciasse as aulas no Grupo Escolar Capitão-mor Galvão, seu calçado não saísse de seus pés.

Como um rio, que tem suas margens, família e escola foram, lado a lado, assegurando e influenciando o caminho do menino. Na cidade, foi morar com uma tia viúva. Na nova escola, o fato de Zézim ser tímido, quase não falar com os colegas e ser originário de um sítio, fazia dele motivo de chacotas. Mesmo assim, foi aprovado com a nota 9,47. Zézim descobriu que a leitura era muito importante. Com o primário concluído aos 14 anos, já não volta para o sítio, pois aprendera a trabalhar no comércio, ganhando experiência em algumas vendas do local.

Próximo aos 18 anos, obrigatoriamente, precisaria se apresentar ao Exército e lá foi ele, hospedar-se, a pedido do pai, na casa do seu tio Alfredo, em Natal, pensando em se alistar na Aeronáutica. No percurso, pela primeira vez, Zézim viu o mar...

O jovem não foi aceito na Aeronáutica e então tentou a Marinha. Enquanto esperava a aprovação, teve a ideia de comprar frutas das plantações do tio para vendê-las e ter alguma renda. Um dia, vendendo frutas na rua, viu se aproximar uma tia de sua mãe, Veneranda Bezerra, que tinha um filho famoso e intelectual: o escritor José Bezerra Gomes. Envergonhado de sua situação de vendedor de frutas no bairro do Alecrim, Zézim afastou-se, apressado.

Finalmente, aprovado na Marinha, lá foi ele feliz, primeiro para a Escola de Aprendizes-Marinheiros de Pernambuco, no Recife, e, um ano depois, seguiu definitivamente para o Rio de Janeiro, acreditando que daria certo na vida e ajudaria a família. Como os outros jovens, sonhava em conhecer o mundo e, como um rio, chegar ao mar. Infelizmente, para os marinheiros novatos, as condições de trabalho e aprendizado não foram as esperadas: espaços apertados, um saco para guardar os pertences, um beliche sem colchão forrado apenas com uma lona e a companhia de colegas de bordo, dentre estes, alguns com comportamento que não coincidia com o seu. Mas Zézim, que lá era chamado por seu sobrenome, Cortez, persistia e se deslumbrava com o mar e com as viagens.

Em alguns momentos gostava de ficar na solidão e escrevia para a família, que se reunia para ler suas cartas. Certa vez fez um relato de umas duas páginas contando da epopeia que foi sua primeira viagem ao exterior: "Em março de 1956, vindo do Recife, fui designado para servir embarcado no navio Marcílio Dias D25 e, em 20 de agosto, fiz uma viagem para Montevidéu e Buenos Aires. Muita gente, todos brancos, muito alinhados, uma fala (espanhol) que eu não entendia quase nada."

Na juventude, como um divisor de águas, Cortez fez as suas escolhas. Enquanto muitos marinheiros, longe da família e sentindo-se sós, iam beber nas noitadas, ele continuou a estudar, pois acreditava que o estudo o levaria para terras distantes. Ele conseguiu moradia na casa de um primo solidário, o Joquinha.

Cortez chegava do navio às 16h30, tomava banho, ia para o colégio, jantava depois das aulas e dormia no novo lar. Fazia de tudo para agradecer a estada, nunca reclamando, ajudando no que podia, desde buscar as filhas do primo, carregar compras, limpar a casa, até deixar o cão, pastor-alemão, dormir com ele no quartinho dos fundos. Estava na casa deles e procurava agradá-los de todas as formas.

Com um pouco mais de estudo e boas notas, o jovem Cortez começou a questionar as condições da vida precária na Marinha e, em 1962, ingressou na Associação dos Marinheiros e Fuzileiros Navais do Brasil, que ministrava cursos e oferecia ajuda médica, jurídica e até orientação para o comportamento e a socialização dos praças. Com o tempo, a Associação foi crescendo, editando jornal, participando dos momentos políticos do Brasil e denunciando as injustiças que aconteciam a bordo, o que originou a chamada Revolta dos Marinheiros, em 25 de março de 1964, quando ele e muitos outros marinheiros foram expulsos por lutar pela melhoria de suas condições de trabalho.

As margens ficam muito estreitas e o rio, que pensava haver chegado ao mar, novamente se agita e abre caminho por entre mato e pedra. Em águas turbulentas, Cortez ia se virando, vendendo carne na periferia do Rio de Janeiro. Um dia, como o farol de um barco que ilumina a escuridão, encontrou a irmã do Joquinha, que lhe sinalizou um novo rumo.

Lá foi Cortez para São Paulo. Era janeiro de 1965. Novamente, o rio ganha forças. Na nova cidade, começou a trabalhar e morar em um estacionamento, onde lavava, manobrava, estacionava carros.

Nessa época, Cortez decidiu cursar a universidade. Com muito sacrifício, passou no vestibular para o curso de Economia na PUC-SP. A fim de ajudar nos custos, começou a comprar os livros adotados pela universidade para vender aos estudantes. E lá ia ele, como a corredeira do rio, de lá para cá, de cá para lá com os livros nas mãos. Finalmente, na PUC, conseguiu autorização para montar uma pequena banca.

Em 1970, casou-se com Potira. A vida prova que as águas sempre cumprem seu ciclo. Que grande coincidência! Potira era neta da tia famosa de sua mãe, a Veneranda. Mas agora Cortez, que já havia lutado muito na vida, não mais sentia vergonha de trabalho algum.

Do seu casamento nasceram três filhas: Mara Regina, Marcia e Miriam. Cortez ensinou às suas meninas que o bem que a gente faz é o bem que recebe e é muito importante pensar no nosso país e no bem-estar de todos.

Ele, que sempre foi estudante dedicado, mesmo nas dificuldades, apaixonava-se cada vez mais pelos livros e na universidade, com tantos estudos e pesquisas, teve a ideia de publicar algumas edições. Junto a um sócio, começam a editora, sem dinheiro, sem nada, apenas com vontade e disposição.

Sem se entregar ao fracasso, ao desânimo ou à preguiça, Cortez persistia, movido pela vontade de vencer e de ajudar a promover a educação, a cultura e a emancipação do povo brasileiro. Em 1980, após separar-se do antigo sócio, assumiu a editora, com sua esposa, Potira, e seu irmão Gomes, envolvendo-se cada vez mais com as publicações.

A Cortez Editora começou a crescer, publicando obras, acendendo sonhos de professores, iluminando mentes e clareando caminhos, como a própria trajetória de seu fundador: "Você pode sair do nada e chegar aonde quiser."

De lá para cá, muito tempo já passou. Cortez percebeu que, como as águas correntes do rio, o amor pelos livros o levou a muitos lugares. Em São Paulo, Cortez recebeu o título de Cidadão Paulistano, além de outras homenagens, pelo trabalho em prol da educação.

Mas Cortez não esqueceu suas origens e sempre visita, com sua família, sua cidade natal, Currais Novos, onde também foi homenageado. Lá, junto aos que ficaram, realiza um encontro chamado Bienal da Família, à qual todos comparecem. Cortez, como é de costume, sobe em um tamborete e faz um discurso sempre enfatizando os valores familiares.

No ano de 2009, Cortez enfrentou uma grande turbulência. Potira, durante uma viagem ao Pantanal, adoeceu e, pouco tempo depois, faleceu. Morreu sua esposa, parceira de trabalho, sua amada, sua pérola preciosa. Um rio de lágrimas inundou o rosto sorridente e esperançoso de Cortez. Suas filhas, mesmo tristes, o consolaram e o acompanharam nessa travessia dolorosa, os amigos e parentes o ampararam e o bem que ele sempre fez retornou mais forte do que nunca. Aos poucos, Cortez foi renovando suas forças, lembrando-se do compromisso com os livros e do desejo em ajudar a divulgação da cultura do povo brasileiro. Seu ideal o fez novamente prosseguir.

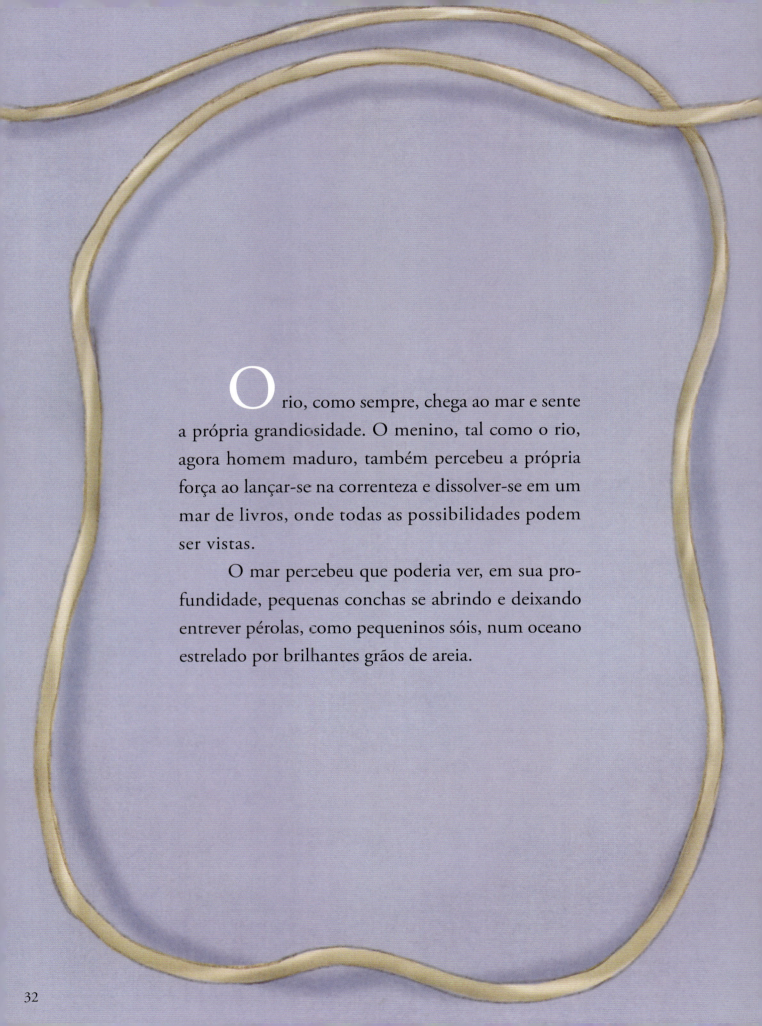

O rio, como sempre, chega ao mar e sente a própria grandiosidade. O menino, tal como o rio, agora homem maduro, também percebeu a própria força ao lançar-se na correnteza e dissolver-se em um mar de livros, onde todas as possibilidades podem ser vistas.

O mar percebeu que poderia ver, em sua profundidade, pequenas conchas se abrindo e deixando entrever pérolas, como pequeninos sóis, num oceano estrelado por brilhantes grãos de areia.

A Cortez Editora continua a crescer, a participar de bienais, a publicar livros nas áreas de serviço social, ciências ambientais, educação e estudos da linguagem, fonoaudiologia, psicologia e literatura infantojuvenil.

O homem percebeu que poderia ver livros se abrindo com as ideias emancipadoras de tantos sociólogos, professores, poetas que formam a constelação de mais de mil autores da Cortez Editora.

No dia a dia do trabalho, na parede atrás de sua mesa, há um quadro com uma célebre foto de Sebastião Salgado. Sobre o quadro, Cortez, diretor-presidente da editora, nos diz: "Deixo aqui este quadro para não me esquecer de que um dia tive os mesmos pés descalços."

Pés de um menino nordestino e brasileiro de nome José Xavier Cortez, que se transformou num conhecido e respeitado editor de livros que divulga pesquisas e propostas dos educadores mais conhecidos do País, porque tem uma crença inabalável:

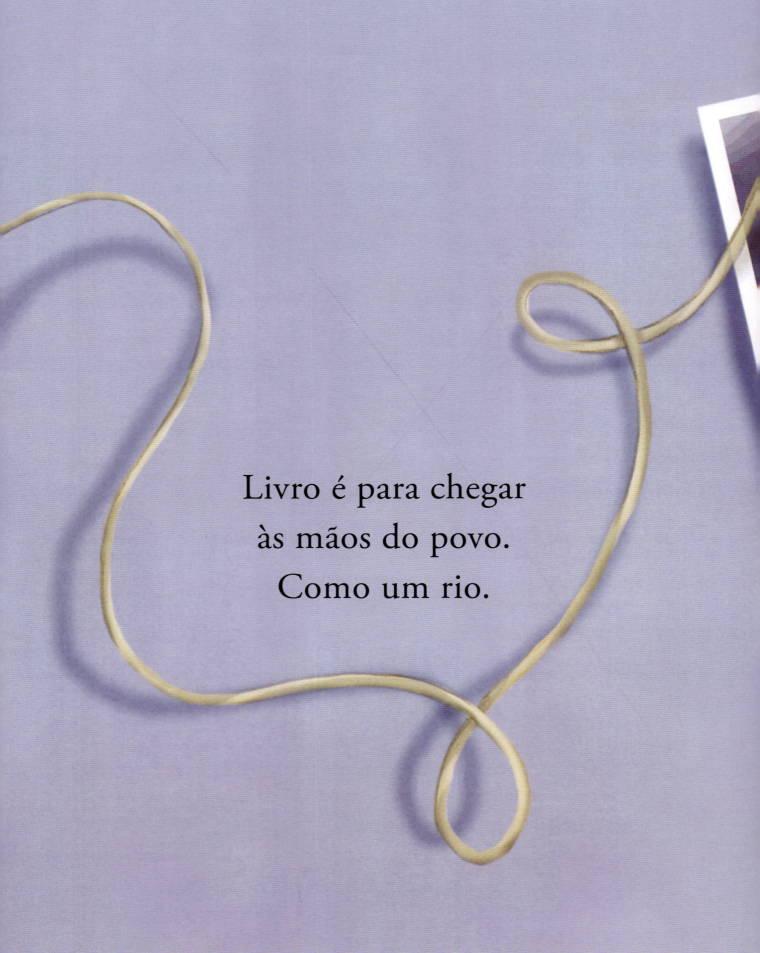

Livro é para chegar
às mãos do povo.
Como um rio.

Silmara Rascalha Casadei é casada com Carlos e mãe de Juliana e Carlinhos. Foi professora de crianças por muito tempo. Hoje é autora de livros infantojuvenis, diretora de uma escola, mestra em Educação, formada pela PUC-SP, e membro da Academia de Letras da Grande São Paulo. Sua paixão por leitura começou de pequena, quando sua mãe a presenteava com livros e os lia para ela. Ao ser alfabetizada, descobriu que também poderia escrever as próprias histórias. De lá para cá não parou mais. Aos 12 anos, escrevia peças de teatro para os amigos da escola e já havia lido toda a coleção Sítio do Picapau Amarelo, de Monteiro Lobato. Entre os livros publicados estão: *A menina e seus pontinhos*; *O que é a pergunta?*, em coautoria com Mario Sergio Cortella; *Qual a história da História?*, em coautoria com Lílian Lisboa Miranda; *Como se constrói a paz?*, em coautoria com Luis Henrique Beust, todos pela Cortez Editora, e os títulos da coleção Seis Razões – livros de Educação Ambiental (Escritoras Editora) escritos com Nilson José Machado e Michele Rascalha.

Lisie De Lucca nasceu na capital de São Paulo, numa família típica paulistana, cheia de misturas culturais. Caçula de três filhos, para quem, desde pequena, desenhar, pintar, modelar, mais que um passatempo ou uma mania, foi uma maneira de conhecer o mundo. A experiência escolar veio apenas facilitar a escolha profissional que tinha feito havia muito tempo: queria ser artista. Buscou desenvolver seu trabalho intensamente e participou de exposições em várias cidades do País. Ao término do curso de bacharelado, na Faculdade de Belas Artes de São Paulo, algumas de suas perguntas ainda estavam sem respostas. Elas foram encontradas quando se licenciou, também pela Faculdade de Belas Artes de São Paulo, apaixonando-se pela Educação. Dali em diante, Arte e Educação passaram a caminhar juntas em sua busca por entender e interpretar o mundo, como arte-educadora. Especialista em Linguagens das Artes pelo Centro Universitário Maria Antonia, da Universidade de São Paulo, a artista atualmente atua como arte-educadora de crianças e adolescentes do Ensino Fundamental, Médio e Superior, além de manter seu trabalho artístico ligado à pintura e ao desenho. É assim que compartilha sua maneira de entender e interpretar o mundo.